CHARLES SELLIER

CURIOSITÉS
DU
VIEUX MONTMARTRE

LES FONTAINES
MONTMARTRE – VIGNOBLE

PARIS
IMPRIMERIE JOSEPH KUGELMANN
12, Rue de la Grange-Batelière, 12
1893

CURIOSITÉS DU VIEUX MONTMARTRE

CHARLES SELLIER

CURIOSITÉS DU VIEUX MONTMARTRE

LES FONTAINES
MONTMARTRE - VIGNOBLE

PARIS
IMPRIMERIE JOSEPH KUGELMANN
12, Rue de la Grange-Batelière, 12

1893

Extrait de *l'Aurore du XVIII*ᵉ
du 8 avril au 20 mai 1893
Tiré à 200 exemplaires

CURIOSITES
DU
VIEUX MONTMARTRE

LES FONTAINES

SOMMAIRE. — I. Le bastion du Sacré-Cœur et le réservoir de 1835. — II. Montmartre-mamelle. La *fontaine de Saint-Denis*. Ablution symphonique d'un décapité errant. Témoignages des trouvères. Pélerinages. Ignace de Loyola et Gaston de Renty. Folies des paysans. Une source engloutie. — III. La *fontaine du Buc*. Vicissitudes des noms de rues. Gérard de Nerval, poète décorateur. Digression philologique : *bue, buc* ou *but*. Les thermes de Montmartre. Une cure merveilleuse. Un abreuvoir abandonné. — IV. *La Bonne*. Pourquoi les robes blanches des bénédictines de Montmartre devinrent noires. — *La Fontenelle*. L'entretien des fontaines et les *cahiers* de 1789.

Depuis peu d'années, on voit se dresser, tout pimpant neuf, au sommet de la butte Montmartre, un édifice en forme de terrasse d'une ordonnance assez monumentale ; son large avant-corps circulaire, flanqué de tourelles à poivrières carrées, lui prête bien, à première vue, quelque faux air de bastion, mais avec des arcatures et une balustrade d'un effet si peu rébarbatif, qu'il est permis, après réflexion, de prendre cette originale construction pour une annexe de la dévote basilique d'à coté, tandis que c'est tout simplement un réservoir : page d'architecture, d'ailleurs excellente, dessinée par le très regretté M. Diet, membre de l'Institut.

Jusqu'alors, Montmartre s'était d'abord contenté du château d'eau polygonal qui subsiste encore au haut de la rue de Ravignan. Il date de 1835, ce qu'indique suffisamment, du reste, le genre pseudo-renaissance de la décoration de l'une de ses faces, disposée en niche avec urne et fronton; il ne mesurait, à l'origine, que 125 mètres cubes et ne recevait que de l'eau de Seine par l'intermédiaire d'une machine hydraulique établie à Saint-Ouen et d'une pompe à feu située à mi-côte, près de l'ancien abreuvoir (1); puis, ayant été surélevé d'un étage, sa capacité fut augmentée de 25 mètres cubes. A partir de 1860, ce réservoir fut alimenté par les eaux de l'Ourcq et de la Dhuys, au moyen de deux bâches d'ar-

---

(1) Voir *Itinéraire de la Vallée de Montmorency* par L.-V. Flamand-Grétry, Montmorency, 1835, in-8º, p. 219 à 224.

rivée et d'une machine de relai installées passage Cottin, à Clignancourt. Celles-ci approvisionnèrent également le bassin construit rue Saint-Eleuthère en 1877, jusqu'à ce que ce dernier, devenu bientôt insuffisant, fut enfin démoli pour faire place au monument qu'on voit maintenant à côté du Sacré-Cœur.

Ce nouveau reservoir reçoit isolément, au moyen de puissantes machines de relai établies place Saint-Pierre, de l'eau de Seine venant de Bercy pour les besoins de voirie, et de l'eau de source prise sur la conduite de distribution de la Dhuys, pour les usages privés : au total, onze mille mètres cubes, presque le centuple de la quantité dont Montmartre était pourvu il y a cinquante ans (1).

**

Voilà donc Montmartre assuré pour longtemps contre la soif... Mais que nous sommes loin de cette butte, autrefois si agreste, où ne perchait qu'un humble village entouré de moulins à vent!... En ce temps là jaillissaient de ses flancs des fontaines naturelles d'eau fraîche et pure,

---

(1) De plus amples détails sur le nouveau réservoir de Montmartre ont été publiés, dans *la Semaine des Constructeurs*, par M. L.-A. Barré, le 5 octobre 1889, et par Édouard Mariette, le 12 octobre, même année.

dont l'abondance suffisait à la consommation de ses habitants. Ruisselante mamelle, Montmartre alimentait alors de ses eaux le grand étang des Poissonniers ainsi que les marais de la Grange-Batelière et des Porcherons.

L'histoire a conservé le souvenir charmant et les naïves légendes des anciennes fontaines de Montmartre : c'étaient, entre autres, la *fontaine de Saint-Denis*, la *fontaine du Buc*, la *fontaine de la Bonne*, et la *Fontenelle*. Chacune de ces sources, aujourd'hui disparues, a laissé son nom à un chemin de l'endroit ; mais grâce à l'inepte sollicitude de notre édilité, beaucoup plus taquine qu'éclairée en matière d'onomastique, ces vieux chemins devenus à présent des rues, n'ont pas tous conservé leurs dénominations commémoratives.

La *fontaine de Saint-Denis*, située sur le versant ouest de la montagne, était celle où, suivant la tradition, le premier évêque de Paris, après avoir été décapité, s'était arrêté et avait lavé sa tête. L'eau de cette source en conserva, dit-on, la vertu de guérir les fièvres (1). Pendant cette merveilleuse ablution, raconte encore la légende, un groupe d'anges environnaient le

---

(1) R. P. Léon, *La France Convertie ou l'Octave de la fête de Saint-Denis*. Paris, 1661, in-12, p. 47.

saint et chantaient ses louanges. Le lieu où cela se passait fut appelé *les Bourdonnements*; on prétendait qu'à de certaines heures des voix célestes s'y faisaient entendre. Le peuple donna le nom de *Saint-Denis* à cette fontaine. Dans son *Histoire chronologique de Saint-Denis*, le P. Doublet rapporte, il y a deux siècles et demi, qu'à peu de distance de là se trouvait une statue de pierre très ancienne, élevée par les fidèles en l'honneur de l'évêque martyr, qui le représentait revêtu d'une chasuble et tenant son chef dans ses mains. Le même auteur ajoute que cette fontaine, abritée d'un petit « chapiteau » (fronton) et située non loin des trois moulins qui existaient déjà en cet endroit, avait son regard et déversait ses eaux du côté de Monceaux (1).

La lointaine renommée de la *fontaine de Saint-Denis* a d'ailleurs été célébré maintes fois par nos vieux trouvères; il suffit, pour exemple, de citer ce passage d'une chanson de geste du quatorzième siècle, intitulée « *Florent et Octavien* » :

Seigneurs, décollé fut le corps de Sainct Denis,
Droit à une fontaine si nous dict li escris,
Qui est entre Montmartre et la cit de Paris,
Encor l'apele-t-on la fontaine-aux-Martis.
Là avoit un grant bois qui fût forment feuillis,
Où monstra Dieu miracles qui furent de grant pris;

---

(1) Le R. P. Jacques Doublet, *Hist. chronol. de Saint-Denis* Paris 1646, in-8° p 526-527.

*

Car sainct Denis du lieu adont que vous deviş
Pourta son chief ou bois, si avant, ce m'est vis,
Plus d'une grant lieue des lieues du pays.

Evidemment, cette *fontaine-aux-Martis* n'est autre que celle dite de *Saint-Denis*, et sa situation est clairement indiquée dans ce poème, comme dans un autre, du même temps, de Ciperis de Vignevaux (1). Le charme du site, ombragé d'un bois touffu, joint à la sainteté du souvenir, en avait donc fait de bonne heure un but de pélerinage très en vogue.

C'est sur les bords de la *fontaine de Saint-Denis* qu'Ignace de Loyola et ses compagnons vinrent se réjouir dans de fraternelles et frugales agapes, et deviser pieusement jusqu'au soir, pour terminer la mémorable journée du 15 août 1534 où, par un vœu solennel prononcé non loin de là, dans l'antique chapelle *du Martyre*, ils venaient de jeter les bases de leur fameux institut (2).

C'était aussi le lieu de prédilection d'un zélé philanthrope, dont la mémoire est presque oubliée de nos jours, le baron Gaston de Renty. Issu d'une ancienne maison d'Artois, et né au diocèse de Ba-

---

(1) Voir *Histoire littéraire de la France*, t. XXVI, p. 309.

(2) Nicolas Orlandini, *Historia societatis Jesu*, Anvers 1620, lib. I, p. 20. Ch. de Saint-Clair. S. J. *La Vie de Saint-Ignace de Loyola*, Paris, 1890 in 8º p. 172.

yeux en 1611, il avait déjà servi avec distinction dans les guerres de Lorraine, lorsque, jeune encore, vers 1638, cinq ans après avoir épousé une demoiselle de la famille d'Entragues, il se retirait de la cour pour se vouer entièrement à la religion et à la bienfaisance. Il fut plus particulièrement connu comme coopérateur de l'économiste français Henri-Michel Buch, dit *le bon Henri*, dans la fondation de diverses Sociétés d'artisans, véritable réminescence du socialisme chrétien des premiers siècles, où la vie et le gain de chacun etaient en commun et le surplus du nécessaire employé au soulagement des malheureux. Plusieurs Sociétés de ce genre subsistèrent jusqu'à la Révolution.

Or, quand le baron de Renty allait faire ses dévotions à Montmartre, il ne manquait pas de faire une station à la *Fontaine de Saint-Denis*; il y prenait quelquefois un repas, composé seulement d'un morceau de pain trempé dans l'eau de la source; puis il se mettait à genoux pour lire son testament qu'il portait toujours avec lui, et il ne le lisait que tête nue et avec des marques de respect extraordinaires; ou bien il adressait aux passants les propos les plus édifiants et les exhortait au salut de leurs âmes. Son biographe (1) rap-

---

(1) J.-B. Saint-Yvre, *Vie de M. de Renty*, Paris, 1651, in-4º, p. 127.

porte qu'il fit ainsi la conversion d'une pauvre servante de l'endroit : une exacte répétition de la scène du Christ au puits de la Samaritaine. De Renty mourut âgé de trente-huit ans.

Au dire de Sauval, les paysans de Montmartre faisaient bien des folies à cette fontaine (1); en effet, rien que par cet adage, aujourd'hui très ignoré, *Jeune fille qui a bu de l'eau de Saint-Denis reste fidèle à son mari*, on peut juger qu'elle était l'objet des fables les plus naïves aussi bien que des pratiques les plus superstitieuses.

Bien que ce fut un des lieux les plus vénérés de la contrée, comme tant d'autres souvenirs précieux, que le temps avait épargnés, la *fontaine de Saint-Denis* devait avoir son tour d'être emportée dans le cours des choses. En 1810, l'administration ayant autorisé quelques extractions de plâtre dans les terrains voisins de cette source, la direction de ses eaux fut d'abord changée ; puis, un beau jour, un trou de carrière l'engloutit, elle aussi, jusqu'à sa dernière goutte. La *fontaine de Saint-Denis*, autrefois si célèbre, n'est plus à présent qu'un fait légendaire ; le sentier qui y conduisait, après avoir porté son

---

(1) Sauval, *Hist. et recherches des antiquités de Paris*, t. 1er, p. 353 et 357.

nom, est devenu, on n'a jamais su pourquoi, l'*impasse Girardon*.

De la *fontaine de Saint-Denis*, on pouvait, sans aller bien loin, se rendre à une autre source non moins intéressante, la *fontaine du Buc*, située au bas de la rapide déclivité d'un chemin, primitivement appelé *des Fontaines*, puis *de la Croix du Buc*, puis *des Brouillards*, à cause du nom d'un moulin à vent du voisinage; actuellement, par l'effet d'un caprice administratif, ce chemin se nomme *rue Girardon*. Aujourd'hui, on ne peut guère montrer que l'emplacement de cette fontaine qui a aussi disparu. Il n'y a pas cinquante ans, elle donnait encore assez d'eau pour alimenter l'abreuvoir qui lui était contigu. Elle était remarquable par sa situation et ses ombrages, par les beaux horizons qu'on y découvrait et les riantes perspectives qui l'environnaient; nous n'en connaissons pas de souvenir plus exquis que ces quelques lignes extraites de *la Bohème galante*, de Gérard de Nerval, au chapitre intitulé : « *la Butte Montmartre* »:

« Ce qui me séduisait, dit-il, dans ce pit-
« toresque espace abrité par les grands
« arbres du château des Brouillards,
« c'était... le voisinage de l'abreuvoir, qui,

« le soir s'anime du spectacle de chevaux
« et de chiens que l'on y baigne, et d'une
« fontaine construite dans le goût anti-
« que, où les laveuses causent et chan-
« tent comme dans un des premiers chapi-
« tres de Werther. Avec un bas-relief
« consacré à Diane et peut-être deux figu-
« res de naïades sculptées en demi-bosse,
« on obtiendrait, à l'ombre des vieux til-
« leuls qui se penchent sur le monument,
« un admirable lieu de retraite, silencieux
« à ses heures, et qui rappellerait certains
« points de la campagne romaine... »

Les anciens de Montmartre se rappellent avoir vu pendant longtemps servant de margelle à cette fontaine, une pierre tumulaire du temps de Saint-Louis, qui était venue là on ne sait comment, et où l'on distinguait l'image d'une abbesse tenant sa crosse à la main. Ramenée vers son point de départ probable, cette pierre sert aujourd'hui de table d'autel au petit calvaire qui est situé derrière l'église Saint-Pierre.

Suivant Michel de Trétaigne (1), la *fontaine du Buc* pourrait bien être celle qu'on nommait, au siècle dernier, *fontaine de Mercure*, en mémoire d'un temple païen existant jadis dans ces parages. L'abbé

---

(1) Michel de Trétaigne, *Montmartre et Clignancourt*, Paris, 1862, in-8º, p. 218.

Lebœuf en a souvent fait mention (1), et dit que de son temps, on la désignait sous le nom de *fontaine du Bue*, donnant au mot *bue* la signification de fontaine, contrairement à l'opinion d'un savant anonyme qui croit y trouver le sens de lessive ou *buée*, d'où l'on a fait sortir les mots *buerie*, *buanderie* pour indiquer le lieu où l'on fait la lessive.

A notre humble avis, ni l'un ni l'autre ne semblent avoir résolu la question, d'autant plus que, d'après les plus anciens plans de Montmartre, la vieille orthographe du mot n'est point *bue* mais *buc*, celle que, contrairement à l'opinion de son confrère et contemporain l'abbé Lebeuf, a adoptée M. de Caylus, bien que celui-ci, nous devons aussi le dire, n'ait osé décider à quelle fontaine pouvait bien se rapporter la suscription de l'étiquette d'une poterie gallo-romaine ainsi conçue : *Vase trouvé auprès de la fontaine de Mercure à Montmartre* (2). D'ailleurs, l'abbé Lebeuf a tout d'abord déclaré n'avoir écrit le mot dont il s'agit qu'à tout hasard et

---

(1) L'abbé Lebeuf, *Hist. de la banlieue ecclés. de Paris*, t. III, p. 119 ; ses lettres du *Mercure de France*, janvier, mars et mai 1738, et ses *Dissertations sur l'histoire ecclesiastique de Paris*, t. I, p. 147, 151, 156.

(2) Caylus, *Recueil d'Antiquités*, t. III, p. 389.

tel qu'il l'a ouï prononcer; mais alors pourquoi écrire *bue* plutôt que *buc* ? Est-ce que la non-prononciation de la lettre *c* à la fin d'un mot n'est pas sans exemple dans notre langue?

Ce qui semblerait donner une apparence de raison à notre opinion, c'est que précisément plusieurs lieux, où abondent des sources d'eaux, portent le nom de *buc*, témoin, entre autres, le village de *Buc* près de Versailles. Dans ce cas, *buc* semblerait dériver du latin *bucca*, bouche.

Cependant cette explication ne nous paraît point encore satisfaisante. Nous croyons plus vraisemblable de voir, dans le mot *buc*, une origine germanique, sinon celtique, indiquée par le vieux mot français *buc*, devenu *bouc* (en allemand *bock*). Or, le bouc est justement l'animal que les Gaulois consacraient de préférence à Mercure, leur dieu populaire par excellence. On sait encore que les nymphes qui formaient le cortège de ce dieu, notamment les *matræ*, avaient dans leurs attributions la protection des sources et fontaines (1).

Enfin, puisque l'existence d'un temple de Mercure, à l'époque gallo-romaine, à proximité de l'endroit qui nous occupe, est un fait incontesté, pourquoi ne serait-

---

(1) Voir notre article sur *le grand Temple du Puy-de-Dôme* dans la Revue, *l'Ami des Monuments*, année 1888, p. 189.

il pas plus logique de ne voir dans le mot *buc* qu'un souvenir du bouc païen ? Mais, pour n'en plus discuter, nos malins édiles ont tranchée cette énigme étymologique en transformant d'autorité *buc* en *but*.

En cela, ces excellents municipaux seraient, sans le vouloir assurément, tombés d'accord avec le R. P. Jonquet, qui prétend qu'on doit dire *Fontaine du But*, pour rappeler la *butte* ou tertre servant de cible, ou plutôt de *but*, aux archers, qui jadis allaient hors Paris s'exercer au tir de l'arc et de l'arbalète. Il est vrai que Montmartre, avant la Révolution, a eu l'honneur de posséder une compagnie d'archers; mais, jusqu'à présent, aucun document n'a indiqué que le lieu où ils allaient tirer était situé auprès de la fontaine en question ; de plus, le R. P. Jonquet reconnaît qu'il n'a vu cela nulle part, et que ce n'est qu'une pure hypothèse sur laquelle il se garde bien de se prononcer (1). Nous pouvons donc maintenir notre opinion, suivant laquelle nous adoptons le mot *buc* plutôt que *but*.

Quoi qu'il en soit, la *fontaine du Buc* présentait autrefois une sorte de bassin naturel servant d'abreuvoir et de lavoir ; elle devait même avoir un débit assez

---

(1) Le R. P. Jonquet, *Montmartre autrefois et aujourd'hui*, Paris, 1891, 1 vol. in-8°, p. p. 11 et 12.

considérable, au point que l'abbé Lebeuf va jusqu'à se la représenter comme « un petit torrent » coulant vers Clignancourt et alimentant, au moyen de petits conduits de plomb, les bains d'une villa gallo-romaine du troisième siècle, dont quelques ruines subsistaient, il n'y a pas cinquante ans, à peu de distance de là, au milieu d'un champ de vignes appartenant à la famille Lécuyer. Faut-il en conclure que Montmartre aurait eu aussi, bien que dans de moindres proportions, son *palais des Thermes ?* En tout cas, notre docte abbé ne peut s'empêcher de constater, à plusieurs reprises, qu'il est dommage que cette source, qui pouvait avoir eu jadis une vertu particulière, fût de son temps si mal entretenue. M. de Caylus affirme aussi qu'elle fournissait encore assez d'eau pour faire un petit cours d'eau, dans la direction, sans doute, du chemin qui s'appelle encore *rue du Ruisseau.*

S'il faut en croire un petit poème, trop peu connu, peut-être, bien que publié il n'y a pas très longtemps (1), il paraît qu'on aurait aussi attribué, à la *fontaine du Buc*, certaines propriétés curatives vraiment merveilleuses. M. Georges Nicolas, l'auteur du poème en question, y relate, en

---

(1) Georges Nicolas, *La Fontaine du Bû, (Souvenirs de 1849), Conte vrai.* Paris, 1884. pièce in-12 de 16 pages.

effet, la guérison d'un cas de choléra, opérée en 1849, grâce à l'usage de l'eau de cette fontaine, dont

> On voit la trace, au versant
> Des Buttes, à deux pas à peine
> Du cimetière Saint-Vincent.
> ....
> .... Le gazon la couvrait toute,
> Et, comme retenue au nid,
> L'eau ne tombait que goutte à goutte
> Dans une vasque de granit.

Et c'est sur le quintil suivant que le poète commence et termine son récit :

> Ceux-là me croieront sans peine,
> Brun ou blond, rousse ou châtaine,
> Qui, dans leur bel âge, ont bu
> De l'eau de la Fontaine
> Du Bû !

On voyait encore, il n'y a pas dix ans, à l'ombre d'un noyer touffu, le parapet ruiné, demi-circulaire de l'ancien abreuvoir, avec les quatre bornes munies de chaînes qui en fermaient l'ouverture; mais il n'y avait plus la moindre goutte d'eau, et les folles herbes, drues et vigoureuses, qui avaient envahi complètement son fond desséché, prouvaient assez que son abandon datait de loin. Il n'en reste plus rien aujourd'hui, et l'on trouve à la place un quinconce triangulaire, bien nivelé et planté d'arbres rachitiques, d'un aspect mesquin et bien municipal. Il eût été si facile de sauver l'effet pittoresque de l'ancien état cle 10 de leur *Cahier des plaintes et doléances* (1).

Jusqu'alors, les fontaines, ainsi que les lavoirs et les abreuvoirs de Montmartre, étaient restés sous la surveillance du bailli et du prévôt de l'abbaye, qui faisaient des ordonnances et prenaient des arrêtés concernant leur entretien, comme le prouve un extrait des *Registres du greffe de la prévoté de Montmartre*, à la date du 20 juin 1764 (2).

La butte a certainement possédé d'autres fontaines naturelles que celles dont nous venons d'évoquer le souvenir, mais on n'en a conservé ni le nom ni la trace. Ajoutons néanmoins, pour mémoire, que quelques auteurs ont encore parlé d'une fontaine située au pied septentrional de la colline, sous les arbres du *chemin de la Procession*, à l'extrémité de la rue Saint-Denis (actuellement *rue du Mont-Cenis*) ; mais c'est tout ce qu'ils ont pu en dire (3). Pour nous, les antiques et vigoureux peupliers qu'on aperçoit encore aux abords du chemin de l'Abreuvoir et du petit cimetière Saint-Vincent, de même que la rue des

---

(1). *Archives parlementaires de 1787 à 1860*. Paris Dupont, 1875, grand in-8º Ire *série*. T. IV p. 733.

(2) Michel de Trétaigne, *loc. cit.* p. 131.

(3) Ch. Virmaître, *Les curiosités de Paris*, Paris, 1868, in-12 p. 101.

Saules (autrefois des Saussaies) sont autant d'indices de l'existence des sources de Montmartre et de la luxuriante végétation qu'elles entretenaient jadis.

Depuis lors, où sont allées les eaux de ces fontaines épuisées? Ont-elles été rejoindre les torrents souterrains de la butte, ou bien se perdre dans quelqu'une de ses nappes inférieures ? Les nappes d'eau rencontrées dans les fondations de l'Opéra, de la Trinité et de Notre-Dame de Lorette, ont-elles été produites par les infiltrations de l'ancien ruisseau de Ménilmontant? Ou bien résultaient-elles des sources absorbées et détournées par l'exploitation des carrières à plâtre de la butte?... Mais ceci n'est plus une question d'histoire. Qu'il nous soit donc permis de ne pas empiéter sur le domaine de l'hydrologie.

MONTMARTRE-VIGNOBLE

SOMMAIRE. — Possibilité de la viticulture à Montmartre. — Preuves historiques locales.— Digression peu orthodoxe. — Curieuses similitudes entre Saint-Denis et Bacchus. — Annales et parchemins des vignes de Montmartre.— Les pressoirs seigneuriaux. — Le vignoble des Cloys.—Les coteaux de l'Abbaye. — Les vendanges purgatives de 1815.— Le vin de Montmartre.— Gérard de Nerval vigneron. — Les dernières vignes.

A propos des embellissements projetés aux abords de l'église du Sacré-Cœur, quelques Montmartrois nous ont demandé s'il ne vaudrait pas mieux réserver, exclusivement à la culture de la vigne, tous les terrains disponibles de la butte, plutôt qu'à ces plantations plus ou moins exotiques, dont c'est le goût du jour d'orner nos squares et nos promenades publiques.

Au premier abord, la question semble très fantaisiste et bien digne de ces bouffonnes originalités, dont Montmartre a la vieille réputation d'être coutumier. L'idée, au fond, n'est pourtant pas si dépourvue de gravité qu'on pourrait bien le dire; nous pouvons même ajouter que sa réalisation ne serait tout simplement qu'un retour à un état de choses fort ancien, ayant subsisté presque jusqu'à nos jours.

Pour le démontrer, point n'est besoin de remonter au déluge. Toutefois, il n'est pas inutile de rappeler que la vigne fut introduite dans les Gaules 390 ans avant notre ère; elle s'y dévoloppa en telle abondance, que Domitien, redoutant l'effet de ses produits sur le tempérament très surexcitable des habitants, la fit entièrement arracher; mais deux siècles après lui, Probus réparait heureusement ce stupide dommage.

Il convient aussi, pour mémoire, de noter la coïncidence d'époque qui existe entre la réapparition de la viticulture dans nos contrées et la tradition essentiellement montmartroise du martyre de Saint-Denis et de ses deux compagnons, Rustique et Eleuthère; et, si ce n'était pas trop s'écarter du sujet, il ne serait pas non plus déplacé de mentionner les remarquables conformités aperçues par différents auteurs, entre la légendaire histoire du soi-disant premier évêque de Paris et le mythe payen de Bacchus, ce dieu du vin, que les Grecs appelaient *Dionysos*, ou bien *Eleutheros*, et dont les Latins célébraient les mystères, dans les fêtes *rustica* des vendanges (1). Car, il faut bien le dire encore, ces concordances sont telles, que nous sommes parfois tenté d'y voir l'origine du vocable de Saint-Denis, primitivement donné à l'église Saint-Pierre de Montmartre. D'ailleurs, les colonnes antiques placées à l'entrée de cette église, semblent assez annoncer la succession probable de celle-ci à un temple gallo-romain ; aussi, est-il permis de supposer un instant, que ce temple ait été consacré à Bacchus, plutôt qu'au dieu Mars, comme, jusqu'à présent, l'ont prétendu, sans certitudes bien fondées, la plupart des historiens.

Quoi qu'il en soit, d'après un témoignage, bien souvent évoqué de l'empereur Julien, où ce philosophe couronné proclame, entre autres choses, l'excellence des vignobles de sa « chère Lutèce », il résulte que, de son temps, c'est-à-dire en plein quatrième siècle, les Parisis étaient encore idolâtres ; mais, de mœurs très austères, ils n'adoraient Bacchus, que parce qu'il est le père de la douce gaîté procurée par ses dons (2). Au reste, plusieurs ordonnances des premiers rois francs, conservées par Baluze (3), prouvent évidemment

---

(1) Voir Dulaure, *Histoire de Paris*, et Dupuis, *Origine de tous les cultes*.

(2) Julien, *Le Misopogon*.

(3) Baluze, *Regum Francorum capitularia*, Paris 1677 in-f°.

que nos ancêtres n'avaient pas encore renoncé au paganisme, même au sixième siècle. La présence d'un saint Bacchus, dans notre calendrier, est sans doute une marque de la transformation de l'ancien culte. De plus, on sait que, dans la petite église Saint-Benoît, jadis située au milieu des vignes qui couvraient la montagne Sainte-Geneviève, il y avait une chapelle dédiée à saint Bacchus (1).

Mais ce serait nous égarer sur le terrain brûlant de la critique religieuse, que d'insister autrement sur ces digressions, plus curieuses que probantes. Ce que nous pouvons conjecturer sans crainte, c'est que Montmartre, par sa situation physique exceptionnelle, dut être un des premiers points du Parisis envahis par la viticulture.

Bien qu'il soit très difficile de faire remonter les vignes de Montmartre au premier cep qui fut planté par le vénérable et bon Noë, elles n'en possède pas moins des titres et des parchemins qu'envieraient certes les plus fiers descendants des nobles croisés: l'énumération chronologique des

---

(1) L'abbé Valentin Dufour, *Recherches sur les VII Stations de Saint-Denis*, Bulletin du Bouquiniste, des 1er et 15 mai 1872.

faits que nous présentons ci-après, tout incomplète qu'elle soit, en est une preuve suffisante.

Dès le dixième siècle, la chronique du chanoine Frodoard signale la destruction complète des vignes de Montmartre, parmi les nombreux ravages occasionnés par une tempête qui sévit en 994. Le naïf chroniqueur attribue ce désastre à une armée aérienne de démons (1); mais les vignobles de notre butte étaient trop vivaces pour ne pas s'en relever et acquérir une importance nouvelle.

En 1133, dans la cession que les moines de Saint-Martin-des-Champs firent au roi Louis VI, de l'église de Montmartre avec ses dépendances et la chapelle du Martyre, les vignes qui attenaient à celle-ci furent comprises : cette particularité est mentionnée dans les deux bulles apostoliques des papes Eugène III (juin 1147) et Alexandre III (1164), portant, l'une et l'autre avec l'institution de l'abbaye, la confirmation de ses privilèges et propriétés (2).

Les lettres de Pierre-le-Vénérable, abbé général de Cluny, rappellent encore l'existence de vignes à Montmartre dans le XIIe siècle, comme dans le suivant; on en

---

(1) L'abbé Lebeuf, *Lettre au Mercure de France*, janvier 1738.

(2) E. de Barthélemy, *Recueil des Chartres de l'Abbaye royale de Montmartre*, p. 80 et 99.

retrouve la trace dans celles qui y étaient situées en la censive de Marie de Monte-Calvo, et appartenaient, en 1243, à la chapelle du palais épiscopal de Paris (1).

En 1304, lors de l'établissement d'une seconde chapellenie dans la chapelle du Martyre par l'écuyer Hermer, une pièce de vigne, appelée la Gonchières, sise au lieu dit *la Carrière*, fut affectée à la nourriture du nouveau chapelain (2).

L'abbesse Isabelle de Rieux, que Chéronnet cite pour sa sévérité sur le chapitre des dîmes, passa, en 1373, un bail pour sept arpents de vignes, sises à Montmartre, au lieu dit *Sacatie*, joignant par un côté à la ruelle *Beheurdis*, et par le haut, à la fontaine dite la *Fausse*(?). Ce bail est fait à Jourdain de Nanteuil, Simon Chest, Simon Tivalare, Linois Parfait et Parrain Bien, bourgeois de Paris, qui tous solidairement s'engagent à payer douze septiers de vin, de plus de leur récolte par chaque arpent; et si les vignes viennent à manquer, ne s'obligent pas moins à payer la même quantité d'autre vin du cru de Montmartre (3).

Sur l'état du monastère et de ses pro-

---

(1) L'abbé Lebeuf, *Histoire de la banlieue ecclésiastique de Paris*. T. III, p. 102 et 118.
(2) Chéronnet, *Hist. de Montmartre*, p. 166.
(3) Chéronnet, *Hist. de Montmartre*, p. 81.

priétés en 1383, figurent cinq arpents et demi de vignes au terroir de Montmartre, assises en plusieurs censives, et pour lesquelles les religieuses sont redevables, chaque année, de cinquante-huit sols six deniers parisis de cens (1).

Dans les comptes des confiscations faites à Paris, au profit des Anglais, depuis le 20 décembre 1423 jusqu'à la Saint-Jean 1427, il est fait mention de deux vignes sises à Montmartre : l'une qui fut à Mʳᵉ Henri de Marle, président du parlement en 1398 et, depuis, garde des sceaux de France ; l'autre qui appartenait au héraut du Roi (2).

Par accord du 9 novembre 1451, le curé de Montmartre, Anceau-Langlois, obtint, avec une amélioration de traitement fixe, la remise d'une rente de vingt-huit sols parisis, qu'il devait annuellement pour deux arpents de vigne, dont il avait la jouissance dans une culture des dames de l'abbaye. Il est bon d'ajouter que cet accord eut lieu à la suite d'un procès, que ledit Anceau-Langlois perdit contre l'abbesse Agnès Desjardins, qui le lui avait intenté, parce qu'il avait tenté de s'affranchir de sa dépendance en s'appropriant indûment les dîmes de la paroisse. Seigneur de Mont-

---

(1) E. de Barthélemy, *loc. citato*, p. 200.
(2) Sauval, *Hist. et recherches sur les Antiquités de Paris*, T. III, p. 324.

martre, et, par le droit de sa fondation, curé primitif et en légitime possession des tous les revenus de la paroisse, l'abbesse en nommait elle-même le pasteur, qui n'était, à proprement parler, que son vicaire perpétuel (1).

Avec le récit des guerres qui désolèrent si souvent les campagnes de la banlieue parisienne, on pourrait établir aussi le martyrologe des vignes de Montmartre. Sans remonter aux temps de l'invasion normande, ni à celle des Anglais, non plus qu'aux luttes intestines des Armagnacs et des Bourguignons, voici ce qu'on lit dans la Chronique de Louis XI, à l'an 1475 :
« Le lundi 9 septembre, les Bretons et les
« Bourguignons furent ès terrouers de
« Clignencourt, Montmartre, la Courtille
« et autres vignobles d'entour Paris, pren-
« dre et vendanger toute la vendange qui
« y étoit, jaçoit ce qu'elle n'étoit point
« meure. » (2).

En 1577, le pape Grégoire XIII, dans le but d'aider Henri III dans ses entreprises contre les protestants, autorisa ce prince, par un bref, à lever sur tous les biens ecclésiastiques du royaume la somme de quinze mille livres tournois, permettant, à cet effet, de vendre et d'aliéner, s'il était

---

(1) Chéronnet, *Hist. de Montmartre*, p. 87.
(2) *Chronique dite Scandaleuse*. Edition de 1611, p. 78.

nécessaire, partie du temporel des églises jusqu'à concurrence de cette somme. Dans cette circonstance, Montmartre fut taxé, pour sa part de cotisation, par Pierre de Gondi, évêque de Paris, à la somme de vingt écus au soleil. Afin d'acquitter cette taxe, l'abbesse Catherine de Clermont mit en vente un demi-arpent de vigne, sis près de La Chapelle; il fut adjugé le 8 février 1577 (1).

Parmi les nombreux et importants travaux de restauration que nécessita l'état de ruines, dans lequel les guerres de la Ligue et le siège de Paris par Henri IV avaient laissé l'abbaye, il faut noter le mur que, grâce au don de six mille livres fait par son beau-frère, M. de Fresne secrétaire d'Etat, l'abbesse Marie de Beauvilliers fit élever, pour enfermer dans l'enclos conventuel, la pièce de vigne située entre l'ancien monastère et la chapelle du Martyre (2).

Le 11 mars 1688, les religieuses de Montmartre concédèrent à la paroisse, à titre d'usufruit, les deux arcades qui forment le chœur de l'église Saint-Pierre et les deux collatéraux, en échange de sept quar-

---

(1) Chéronnet, *loco citato*. p. 115 et 116.
(2). Du Breul, *Antiquitez de Paris*, 1639, *Supplément* p. 84; — Sauval, *loc. cit.* T. I p. 352; — Ed. de Barthélemy, *loc. cit.*, p. 19.

tiers de vigne situés, non loin de là, au lieu dit *des Saccalis* (1).

Dans l'*Etat des revenus, créances et dettes de l'abbaye* de 1763, la dîme de Montmartre figure pour sept muids de vin, évalués à cent quarante livres (2). Suivant la coutume féodale, l'abbaye possédait un pressoir bannal, où les habitants de la localité étaient tenus de faire pressurer leur vendange, moyennant redevance en nature ou en deniers. Ce pressoir était situé près de l'église, contre la maison du baillage de l'abbaye, dans une cour, devenue, par la suite, l'*impasse du Pressoir*; aujourd'hui, c'est la rue Saint-Eleuthère. C'est au profit du pressoir abbatial que, en 1312, sous le règne de Philippe IV le Bel, le parlement rendit, en appel, un décret donnant gain de cause à l'abbesse et aux religieuses de Montmartre, contre un certain Roger de Clichy, fruitier du Roi, qui avait saisi de vive force le marc d'une grange appartenant auxdites dames, sous prétexte que les vignes, dont provenait ce marc, étaient bannières du pressoir dudit Roger. Une sentence, prononcée suivant cette interprétation par le prévôt de Paris, l'avait absous de ce fait (3). Comme on le

---

(1) Ed. de Barthélemy, *loc. cit.* p. 276 et 277
(2) Ed. de Barthélemy, *loc. cit.* p. 291.
(3) *Les Olim* publiés dans les Documents inéd. sur l'Hist. de Fr. T. III. p. 772 et 773.

voit, notre vieux parlement n'avait nulle crainte de rendre justice, même contre les gens du roi.

D'après une déclaration de l'an 1426, on voit figurer les dames de Montmartre parmi les tenanciers de Jehan Turquam, seigneur du fief de Clignancourt, pour une pièce de vigne assise au clos Berthaut, attenant à la Grande-Rue (rue Marcadet) d'une part, et au chemin qui va de Clignancourt à Paris (rue du Mont-Cenis) d'autre part (1).

Dans l'aveu rendu à l'abbé de Saint-Denis, en octobre 1433, par ledit Jehan Turquam, pour son fief de Clignancourt, il est question de 13 perches de vignes assises au lieu dit *la Fosse Turquam*. Avec les vignes de ce fief, il ne faut pas oublier de mentionner le pressoir seigneurial et les deux arpents de vignes que Jacques Liger, nouveau suzerain de Clignancourt, possédait en 1569 au lieu dit le Beaumur (2). Mais les seigneuries, fiefs et arrière-fiefs de Clignancourt et de Montmartre renfermaient bien d'autres vignes: pour en faire l'énumération complète, il faudrait dé-

---

(2) *Archives Nationales*, Q¹ 1042.

(2) *Archives Nationales* S^b 2245. Voir aussi notre notice sur les *Seigneurs de Clignancourt*, publiée dans le *Bulletin de la Société de l'Histoire de Paris et de l'Ile de France*, 1891, T. XVIII, p. 99 et 125.

pouiller tous les registres censiers de l'endroit. Nous pouvons cependant rappeler que M. Gilles Boileau, greffier de la grande chambre du parlement et père de l'auteur du *Lutrin*, avait à Clignancourt une maison de campagne avec une assez grande étendue de terre dont faisaient partie trois quartiers et demi de vigne (1).

Pour plus ample imformation sur la viticulture à Montmartre au siècle dernier, on peut encore se reporter à quelques documents topographiques de cette époque. Ainsi le plan de Roussel de 1730 et celui de J.-B. Jaillot de 1775 figurent en vignes au pied du revers septentrional de la butte, au lieu dit *les Cloys*, une étendue de territoire assez importante, bordant la droite du Chemin des Bœufs (rue Marcadet), depuis l'ancien Chemin de Saint-Denis (rue du Mont-Cenis), jusqu'au petit enclos habité de la *Hutte-au-Garde*, vis-à-vis l'extrémité du Chemin des Grandes-Carrières; tandis que sur la gauche du même Chemin des Bœufs, les vignes qui y sont indiquées paraissent beaucoup moins considérables et plus clairsemées.

Quelques années plus tard, c'est-à-dire vers 1789, le plan de Verniquet nous montre en détail les différentes pièces de vigne qui sont situés dans l'enclos même de l'ab-

---

(2) *Archives Nationales* S 4481 et T. XVIII, p. 99 et 125.

baye. A l'aide des indications du plan moderne de restitution de M. Carles (1), nous en avons relevé la nomenclature et les diverses contenances: ce sont d'abord deux grandes vignes, l'une dite du *Haut Coteau*, mesurant 1 arpent 46 perches, un peu au-dessus de l'emplacement actuel de la Place Saint-Pierre; l'autre celle du *Bas Coteau*, de 2 arpents 10 perches, longeant la précédente, mais en étant séparée par une allée dont l'extrémité aboutit à une issue nommée la *porte des Coteaux* et placée, par rapport à l'état actuel des choses, à l'angle des rues Ronsard et Charles Nodier; puis un plus bas, dans l'espace compris aujourd'hui entre la rue Tardieu et la place du Théâtre, une autre vigne de 1 arpent 37 perches, dite *de la Rochefoucauld*; enfin, vers le haut de la butte, deux petites pièces, l'une un peu en avant de l'église paroissiale, où il y a maintenant un réservoir, nommé *vigne de Montaigu*, et ne mesurant

---

(1) Carte topographique de la paroisse et de l'abbaye royale de Montmartre rapportée à l'époque actuelle par M. Carles (Bibliothèque Nationale. Dépôt des cartes et plans.) Nous avons retrouvé la source exacte et authentique des indications de M. Carles sur un plan de 1780, faisant partie d'une liasse de plans et dessins manuscrits de la même époque conservés aux *Archives Nationales*, sous le titre, *plan de l'abbaye de Montmartre* et sous la cote N³ 736.

que 86 perches et demie; l'autre à quelques pas en arrière du Chœur des Dames, de 51 perches, dite *vigne de l'Eglise* ; puis une dernière celle du *Bel-Air*, de 24 perches et demie, vers le haut du Vieux-Chemin (rue de Ravignan).

En 1789, l'article II du *Cahier des plaintes et doléances de Montmartre* réclame, avec la fin du bail des fermes, « la suppression du droit d'aides, ou la conversion en un impôt direct sur la vigne, eu égard à la récolte ou payable sur les lieux au moment de la vente (1).»

En 1815, Montmartre vit le retour des dévastations qui désolèrent ses vignobles pendant le règne de Louis XI. Par suite de la convention militaire consentie, le 3 juillet, à Saint-Cloud, entre les armées alliées et le gouvernement français, les Anglais prirent position à Montmartre et lieux environnants, le 4 du même mois. Les soldats, répandus dans les maisons, y commirent toutes les spoliations assez ordinaires en pareille circonstance. Le mois de septembre arrivé, ils s'empressèrent d'imiter les Bretons et les Bourguignons de 1475, en se jetant avec avidité dans les vignes de Montmartre et de Clignancourt. Ce fruit, nouveau pour des hommes d'outre-mer, était à leur goût si attrayant,

---

(1) Arch. parlem. de 1787 à 1860. Paris 1875 gr. in-8º, 1re Série, T. IV, p. 733.

qu'ils le dévoraient même avant qu'il fût mûr. Ils épargnèrent de la sorte, aux habitants, la peine de vendanger leurs vignes. Mais on assure que l'acerbité des raisins, encore aigres, vengeait journellement ces malheureux habitants de leurs hôtes incommodes (1).

Mais, avec la Révolution, une ère funeste avait commencé pour les vignobles de Montmartre. D'immenses travaux de terrassements, entrepris à deux reprises différentes, en 1789 et 1814, pour faire de la butte une position fortifiée, bouleversèrent le sol de fond en comble; de nombreuses ouvertures de carrières à plâtre entamèrent ses flancs de tous cotés ; ce qui resta de terrain fut bientôt envahi par le flot toujours montant des maisons qui débordaient de Paris. Après 1830, quelques vignes, subsistant sur le revers septentrional de la colline, résistèrent encore pendant quelques années à cet impitoyable assaut ; mais ce fut la fin.

Plus que jamais, on continue cependant à venir là-haut boire le vin clairet ou le petit bleu; mais cette mixture d'importation, hélas! n'a plus rien de commun avec l'ancien produit du crû, totalement disparu. Les quelques Montmartrois, certes bien rares et surtout très âgés, qui s'en sou-

---

(1) *Dict. hist. top. et mil.* des environs de Paris, Paris 1817, in-12, p. 183.

viennent, ne vous en parlent que l'eau à la bouche. « C'étaient, disent-ils, un jinglet « très fier, d'une saveur à faire danser les « chèvres, mais si désaltérant, qu'on le « buvait comme du petit lait. »

A dire vrai, on a bien médit un tantinet du vin de Montmartre. Ses détracteurs ne manquaient pas de faire valoir ses vertus diurétiques, célébrées d'ailleurs par le dicton grivois, que Sauval (1) enregistrait, il y a déjà plus de deux siècles, avec son orthographe spéciale :

> C'est du vin de Montmarte
> Qui en boit pinte, en pisse quarte.

Il paraît aussi que les vignes de Montmartre, surtout celles situées sur l'emplacement actuel de la rue Rochechouart, comme les vignes de Belleville et de la Courtille, produisaient beaucoup de raisins qui ne mûrissaient pas. D'où serait résulté ce proverbe parisien : *Belle montre, peu de rapport* (2).

Malgré tout le mal qu'on a pu dire du vin de Montmartre, quelques clos sur les ver-

---

(1) Sauval, T. Ier p. 349 et 350.
(2) Note du bibliophile Jacob (P. Lacroix) dans l'édition des *Œuvres comiques et littéraires* de Cyrano de Bergerac, Paris 1858, in-12, p. 252. Voir la comédie du *Pédant joué*, de Cyrano de Bergerac, Acte II, scène II.

sants de la butte avaient une réputation méritée. S'il est permis d'ajouter foi à la *Légende de la Chappelle* de M. Firmin Leclerc, le vin de la *Goutte d'Or* était si célèbre au moyen âge que la Ville en offrait quatre tonneaux au roi de France à chaque anniversaire de son couronnement. Son nom emprunté à sa couleur servit longtemps d'enseigne à un cabaret de l'endroit (1).

Les titres seigneuriaux de Saint-Lazarre, au siècle dernier, font mention d'une maison dite de *la Goutte d'Or*, située dans le haut du quartier de la Nouvelle-France, vers l'extrémité du chemin *des Poissonniers*, qui conduisait à La Chapelle (2).

Il y a environ cinquante ans, on voyait encore, à droite en descendant de la rue de la *Fontaine du Buc*, une pièce de vigne qui appartenait à M. Lécuyer, adjoint au maire de Montmartre ; on y apercevait quelques masses informes de maçonnerie datant de l'époque gallo-romaine et signalées, un siècle auparavant par les antiquaires, notamment par l'abbé Lebeuf et le comte de Caylus : celui-ci crut y voir les restes d'une fonderie, l'autre les ruines des

---

(1) Bulletin de la Société d'histoire et d'archéologie du XVIIIe arrondissement « *Le Vieux Montmartre* », 7e fascicule, pages 20 et 21, année 1888.

(2) Archives Nationales S. 6722.

thermes d'une villa. De plus, l'abbé Lebeuf avait remarqué qu'une vigne était plantée sur la partie méridionale de ces ruines (1). Dans l'espérance d'y découvrir des trésors, M. Lécuyer fit entièrement fouiller le sol et abattre les ruines, si bien que les vignes qui les couronnaient y passèrent aussi.

Le plan de M. Carles, de 1848 à 1858, nous montre encore deux pièces de vigne en haut du Chemin Vieux (rue Ravignan): l'une entourant le Réservoir des eaux, l'autre occupant l'espace compris entre le Chemin Neuf (rue Lepic), la petite rue de la Mire et le Chemin Vieux.

L'oraison funèbre de la dernière vigne de Montmartre a été prononcée par Gérard de Nerval : il fallait s'y attendre. Son aimable intervention est toujours précieuse dans l'évocation des souvenirs si pittoresquement agrestes de la butte d'autrefois. Cette vigne, située dans le voisinage du Château des Brouillards, lui souriait tellement, qu'il avait, un instant, rêvé de la posséder (2).

« C'était, dit-il, la dernière du cru cé-
« lèbre de Montmartre, qui luttait, du
« temps des Romains avec Argenteuil et
« Surènes. Chaque année cet humble co-

---

(1) *Lettre* de l'abbé Lebeuf au *Mercure de France* janvier 1738.

(2) Gérard de Nerval, *La Bohême galante*, p. 235, 237 et 238.

« teau perd une rangée de ses ceps rabou-
« gris, qui tombe dans une carrière.

« Il y a dix ans, j'aurais pu l'acquérir
« au prix de trois mille francs.... On en
« demande aujourd'hui trente mille. C'est
« le plus beau point de vue des environs
« de Paris....

« Ce qui me séduisait avant tout, dans
« ce petit espace abrité par les grands ar-
« bres du *Château des Brouillards*, c'é-
« tait ce reste de vignoble lié au souvenir
« de saint Denis, qui, au point de vue des
« philosophes, était peut-être le second
« Bacchus (Dionisos)....

« Il n'y faut plus penser ! » s'écrie l'aimable poëte avec un ton de douce amer-
tume, — « je ne serai jamais proprié-
« taire ! » Puis des visions de l'antiquité
se mêlant à ses regrets, il termine ainsi :

« J'aurais fait faire dans cette vigne
« une construction si légère !... Une pe-
« tite villa dans le goût de Pompéi, avec
« un impluvium et une cella, quelque
« chose comme la maison du poëte tragi-
« que. Le pauvre Laviron, mort depuis,
« sous les murs de Rome, m'en avait des-
« siné le plan. »

Des dernières vignes de Montmartre, quelques ceps, aujourd'hui abandonnés, survivent dans une pièce attenant aux Moulins Debray. Il y a trois ou quatre ans, on en tirait bien encore, nous a-t-on affirmé, deux bons hectolitres de vin. Mais adieu, paniers! adieu, vendanges! Il poussera demain des maisons à la place du raisin (1).

De l'autre côté de la butte, vers le haut de la rue Lamark, au point où aboutit l'escalier de la rue Becquerel, quelques vieux ceps très épars, témoignent bien encore de l'antique viticulture de Mont-

---

(1) Il n'y a pas que la butte Montmartre, sur le sol parisien, qui ait conservé le souvenir de la culture de la vigne. Sous Louis VII, les vignobles ou clos de Paris étaient assez nombreux. Nous citerons parmi les plus importants : le clos Georgeau, qui a donné son nom à une rue ; le clos du Hallier, où se trouve aujourd'hui la rue Bergère ; le clos Margot, à travers lequel on a percé la rue Saint-Claude au Marais ; le clos de Saint-Symphorien, grand vignoble situé entre les rues de Reims, des Cholets et des Sept-Voies ; le clos Bruneau, près la rue des Carmes, une rue en portait aussi le nom ; le clos des Vignes, qui s'étendait de la rue des Saints-Pères à la rue Saint-Benoît ; le clos de Saint-Etienne-des-Grès, contre l'église de ce nom ; le clos de Sainte-Geneviève, non loin duquel se trouvait le *Pressoir du Roi* ; le clos Vignorai, remplacé par le jardin du Luxembourg et l'enclos des Chartreux ; le clos Garlaude, le clos Saint-Victor, le clos des Arènes, etc., etc. Des anciennes vignes de Ménilmontant, il reste encore un champ assez étendu, non loin des réservoirs de la Dhuys : c'est peut-être le dernier, on peut encore le voir.

martre; mais c'est tout, il faut tirer l'échelle.

A part deux magnifiques treilles de plantation récente et déjà d'excellent rapport, qu'on peut visiter rue Damrémont et rue Lepic, la vigne est donc devenu un véritable mythe à Montmartre. Cependant quel inconvénient y aurait-il à rendre, au sol disponible de la butte, sa culture primitive ? Si l'on doit laisser les roses aux rosiers, pourquoi ne laisserait-on pas les palmiers aux tropiques, et ne couronnerait-on pas Montmartre de pampres ? Pourquoi, enfin, ne verrait-on ici qu'un vain et joyeux paradoxe, dans l'application du précepte d'Horace : *Omne tullit punctum qui miscuit utile dulci....* ?

Paris, Imp. J. Kugelmann, 12, rue Grange-Batelière.